LES ROBOTS

L'édition originale de cet ouvrage
a paru sous le titre: *Robots*
Copyright © Aladdin Books Ltd, 1985
70, Old Compton Street, London W1
All rights reserved

Adaptation française de P. Zapatine
Illustrations: Hayward Art Group et Gerard Browne
Copyright © Éditions Gamma, Tournai, 1989
D/1989/0195/4
ISBN 2-7130-0957-X
(édition originale: ISBN 0-86313 294 4)

Exclusivité au Canada:
Éditions Saint-Loup
306 est, rue Saint-Zotique, Montréal, Qué. H2S 1L6
Dépôts légaux, 1er trimestre 1989.
Bibliothèque nationale du Québec
Bibliothèque nationale du Canada
ISBN 2-920441-39-6

Imprimé en Belgique

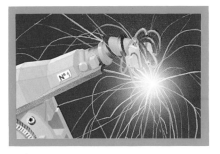

TECHNOLOGIE
MODERNE

LES ROBOTS

Robin McKie - Pierre Zapatine

Éditions Gamma - Éditions Saint-Loup

Soudage par points le long d'une chaîne de montage dans une usine automobile Ford.

Introduction

L'écrivain tchèque Karel Čapek fut, en 1920, le premier à décrire le robot comme une machine ayant un aspect humain, conçue pour travailler au profit de l'homme. Dans la réalité, les robots des usines japonaises, américaines et européennes sont rarement semblables aux «hommes de métal» issus des romans de science-fiction. La plupart des scientifiques définissent le robot comme étant une machine mise en œuvre par un ordinateur et travaillant sans intervention humaine. Le robot facilite notre travail en déplaçant des matériaux ou d'autres objets, suivant un programme déterminé. Le robot futur jouera un rôle plus important encore dans notre vie, en raison du perfectionnement des ordinateurs.

Sommaire

Anatomie d'un robot

La plupart des robots ressemblent à des bras géants. Ils imitent les mouvements du bras et de la main de l'homme. Tous les robots doivent être reliés à un ordinateur qui contrôle leurs mouvements. L'ordinateur est le cerveau du robot. La diversification des tâches confiées à un robot est fonction de la variété des programmes stockés dans la mémoire de l'ordinateur. Les robots de la première génération ne pouvaient exécuter que des tâches simples de préhension et de pose d'objets; ils étaient aveugles, sourds et muets.

① L'ordinateur

Tout robot est relié à un ordinateur. Les ordinateurs servent actuellement à concevoir et à établir des programmes pour les robots. Ils contrôlent aussi les mouvements de ceux-ci. Un terminal permet de leur fournir des données et d'en recevoir.

② La programmation

L'ensemble des instructions données à un ordinateur s'appelle un programme. Les robots peuvent être reprogrammés pour des tâches différentes en recevant de nouvelles instructions.

③ Les capteurs

Les capteurs d'un robot fournissent à l'ordinateur des informations sur la position du bras manipulateur et sur l'environnement. Généralement, ces capteurs sont sensibles à la pression ou à la force.

Grâce aux progrès de la technologie, une nouvelle génération de robots munis de capteurs est apparue. Les capteurs envoient à l'ordinateur des informations sur l'environnement du robot. Les robots peuvent alors accomplir de nombreux travaux complexes, exigeant de la précision.

Le robot industriel

L'Unimate 2000, schématisé ici, est le type même du robot industriel. L'extrémité du bras manipulateur peut être munie d'outils variés, comme par exemple d'un équipement de soudage. L'ordinateur peut être programmé de façon à ce que les changements d'outils s'effectuent automatiquement sur certains types de robots. Souvent, une pince fixée au «poignet» du robot lui permet de saisir des objets. Elle peut être remplacée par un suçoir qui fonctionne par aspiration ou par un électroaimant pour les pièces métalliques.

④ **Les mouvements**

Les mouvements du robot sont assurés par des actionneurs, placés à chaque articulation, qui sont commandés par l'ordinateur auquel ils sont reliés par des fils électriques.

⑤ **Sources d'énergie**

Les bras du robot sont actionnés hydrauliquement ou électriquement. L'Unimate 2000 est équipé d'un système hydraulique qui lui confère une grande capacité de levage. La pince se ferme pneumatiquement.

⑥ **Fiabilité**

Le robot est plus fiable que l'homme car il peut répéter inlassablement les mêmes gestes sans baisse d'attention.

7

Les mouvements du robot

Les robots peuvent effectuer des mouvements divers. Ils pivotent, saisissent des objets et les déposent. Pour réussir ces opérations, ils doivent être capables d'exécuter des mouvements suivant trois axes au moins: latéralement, verticalement, d'avant en arrière et inversement. Ce résultat est atteint en munissant le bras manipulateur d'une série d'articulations de types différents. De ce robot on dit qu'il est «à trois degrés de liberté». Souvent, même les robots les plus complexes n'ont que six degrés de liberté, alors que le bras humain en possède 22. La gamme des positions que le bras d'un robot peut prendre s'appelle son «volume de travail».

▷ Ce robot suédois, dit «Spine», a la forme peu courante d'une épine dorsale. Il se compose d'une série de disques maintenus par deux paires de câbles chargés d'actionner le bras. Des senseurs fournissent à l'ordinateur des informations qui lui permettent de diriger le travail du bras.

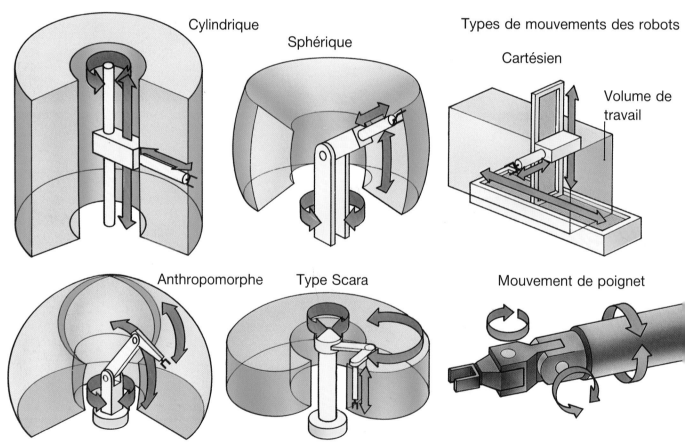

Cylindrique

Sphérique

Types de mouvements des robots

Cartésien

Volume de travail

Anthropomorphe

Type Scara

Mouvement de poignet

△ L'industrie emploie habituellement cinq types de bras manipulateurs s'inspirant de principes cinétiques différents. Le mouvement cylindrique permet des déplacements latéraux et verticaux ainsi que le pivotement autour d'un axe vertical. Le bras anthropomorphe est articulé à la «taille», à «l'épaule» et au «coude». Le mouvement sphérique diffère du mouvement cylindrique par son pivotement dans un plan vertical. Le mouvement du type Scara possède des articulations qui se meuvent sur un plan horizontal. Enfin, le mouvement cartésien autorise les déplacements verticaux, latéraux, d'avant en arrière et inversement.

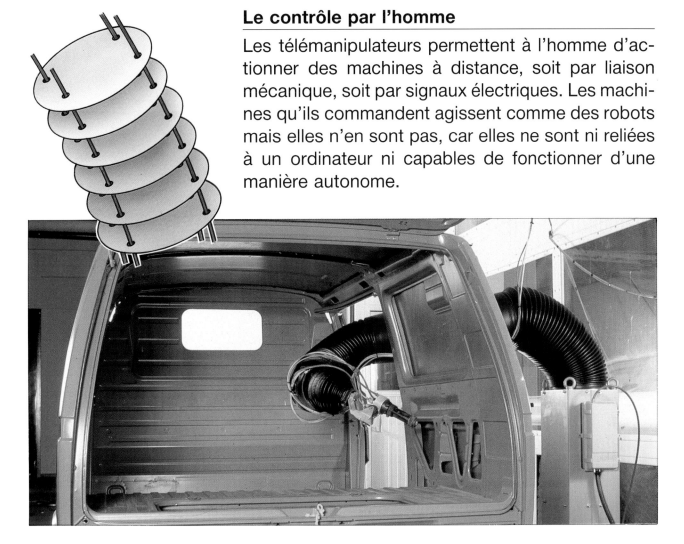

Le contrôle par l'homme

Les télémanipulateurs permettent à l'homme d'actionner des machines à distance, soit par liaison mécanique, soit par signaux électriques. Les machines qu'ils commandent agissent comme des robots mais elles n'en sont pas, car elles ne sont ni reliées à un ordinateur ni capables de fonctionner d'une manière autonome.

△ Le robot Spine ressemble à un serpent. Son rayon d'action et sa souplesse sont supérieurs à ceux de beaucoup d'autres bras. Ce robot est utilisé pour des travaux à des endroits pratiquement inaccessibles à d'autres bras comme par exemple la peinture de l'intérieur d'une carrosserie.

▷ GADFLY est un robot expérimental, totalement différent des autres. Il comprend un porte-outils, suspendu à trois paires de tringles dont les longueurs sont modifiées pour assurer à l'appareil souplesse et plus grand rayon d'action dans un volume réduit. Ce type de robot non conventionnel pourrait servir à de petits travaux d'assemblage.

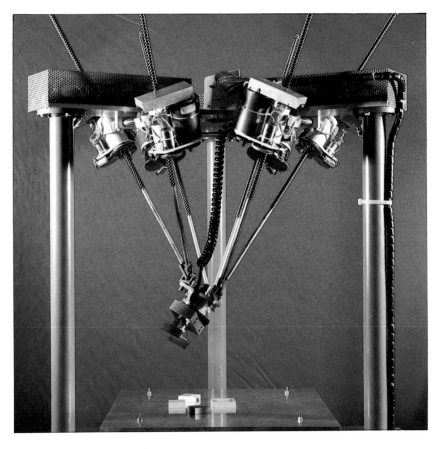

La programmation d'un robot

Un robot ne peut exécuter son travail que s'il reçoit des ordres. Cette opération s'appelle un programme. Un robot peut être programmé de trois façons.

La programmation par apprentissage guidé

C'est le moyen le plus simple d'enseigner une tâche à un robot. Un opérateur guide le robot tout au long des différentes phases d'une opération déterminée. Un ordinateur enregistre les mouvements du robot et pourra ensuite les faire répéter.

La programmation des coordonnées du parcours

Cette méthode est quelque peu différente de la précédente. L'opérateur utilise une télécommande connectée à un ordinateur pour donner au robot des instructions de déplacement de point en point. L'ordinateur traite ces informations, détermine et mémorise la séquence des instructions nécessaires à l'action du bras.

▽ Cette méthode fait appel à l'habileté d'un ouvrier qualifié. Celui-ci guide le bras du robot dans toutes les phases de l'opération. Au bras du robot (1) est fixée une poignée de contrôle (2). Sur ce schéma, l'opérateur manipule un pistolet à peinture (3). Il effectue un cycle opératoire complet. L'ordinateur enregistre les détails de l'opération. Le robot pourra ensuite répéter indéfiniment celle-ci.

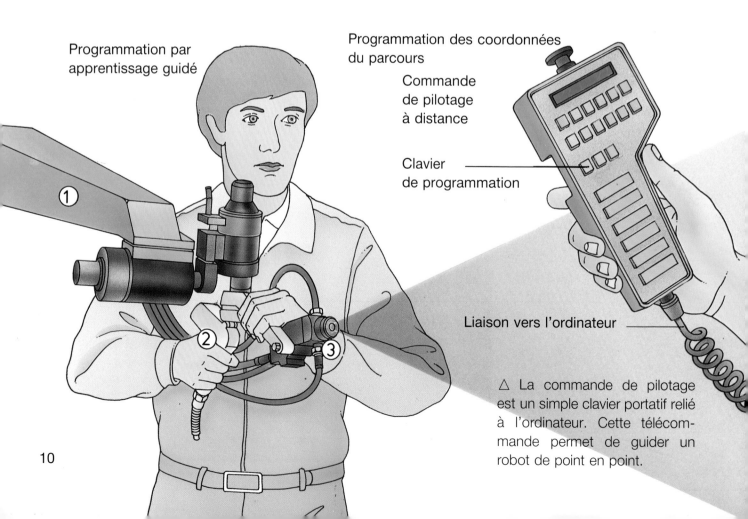

Programmation par apprentissage guidé

Programmation des coordonnées du parcours

Commande de pilotage à distance

Clavier de programmation

Liaison vers l'ordinateur

△ La commande de pilotage est un simple clavier portatif relié à l'ordinateur. Cette télécommande permet de guider un robot de point en point.

▷ Au moyen d'une télécommande connectée à un ordinateur, l'opérateur pilote le robot à travers les différentes phases de la tâche à accomplir. L'ordinateur mémorise les données caractéristiques des mouvements. Le robot pourra ensuite répéter la séquence de ceux-ci. Ce système est largement utilisé. Sa gamme d'applications s'étend du soudage à l'assemblage.

△ La conception assistée par ordinateur (CAO) est utilisée pour obtenir le rendement maximum du robot. L'opérateur peut simuler les mouvements du robot et les visualiser au moyen d'un écran (voir encadré). Cette simulation peut être automatiquement convertie en programme.

La programmation textuelle

C'est la troisième méthode de programmation d'un robot. Au moyen d'un clavier, l'opérateur fournit des instructions précises à un ordinateur. Celui-ci les traite, les mémorise et peut ensuite les transmettre sous forme d'impulsions électriques pour guider le robot suivant le programme établi. Par cette méthode, l'opérateur peut préparer les programmes indépendamment de l'utilisation du robot.

La fourniture d'énergie au robot

L'électricité est la source d'énergie du robot. Le mouvement de ce dernier lui est imprimé, soit hydrauliquement, soit par un moteur électrique. Les robots de grande taille, chargés de soulever des objets lourds, sont généralement équipés d'un système hydraulique.

Robots actionnés hydrauliquement

Un moteur électrique actionne une pompe qui injecte un liquide dans un cylindre central, auquel sont raccordés des cylindres plus petits, répartis à différents endroits du robot. L'ordinateur contrôle l'ouverture et la fermeture de vannes. Lorsqu'une vanne s'ouvre, le liquide sous pression pénètre à l'intérieur du cylindre et met en mouvement le piston. Toutes les pièces mobiles du robot sont actionnées par des pistons.

▽ Des robots Cincinnati Milacron soudent des carrosseries de voitures à l'usine Ford de Dagenham, au Royaume-Uni. Chaque articulation est contrôlée par un moteur électrique. Celui-ci est actionné par des impulsions venant de l'ordinateur. Les moteurs électriques, silencieux et efficients, peuvent exécuter des travaux de précision.

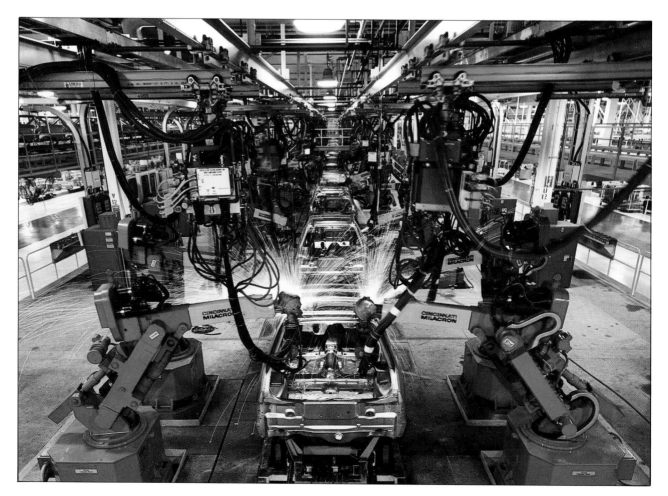

Vérin hydraulique à palettes

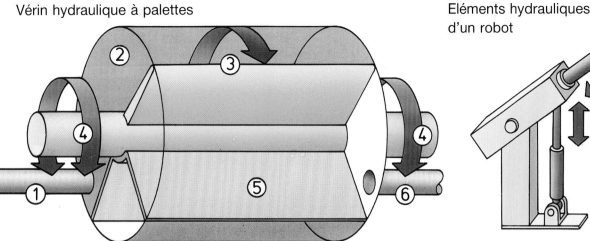

Eléments hydrauliques d'un robot

Vérin hydraulique à piston

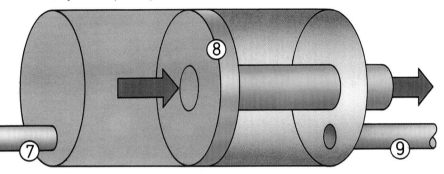

◁ Le vérin rotatif à palettes est une variante du vérin à piston. Le liquide (1) est injecté dans la chambre (2). Il fait tourner la palette (3) et son axe (4) jusqu'à la position désirée. Une butée (5) interdit toute rotation complète. Pour effectuer le mouvement en sens opposé, le liquide (6) est introduit sous pression dans l'autre chambre. Dans le système à piston hydraulique, le liquide (7) est introduit sous pression dans le cylindre où il pousse le piston (8) vers l'avant. Pour obtenir un mouvement du piston en sens inverse, le liquide (9) est injecté par l'autre extrémité du cylindre.

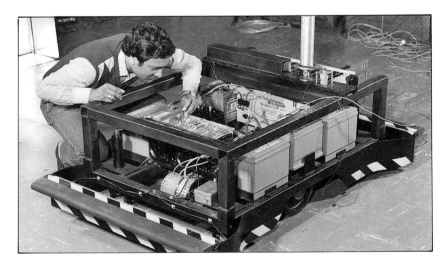

△ Ce prototype de robot mobile, à l'Imperial College de Londres, transporte sa propre source de puissance. Il possède des batteries, placées au-dessus des roues.

Les robots électriques

Généralement, pour effectuer des mouvements de faible amplitude, les articulations des robots sont actionnées par des moteurs électriques. L'ordinateur contrôle le mouvement par l'envoi d'impulsions électriques au moteur de commande. Les robots électriques sont plus silencieux; ils sont précis et leur entretien est si facile que leur usage prend de l'extension. Il existe aussi quelques robots mobiles équipés de leurs propres batteries d'alimentation.

Les capteurs

L'évolution des sens humains a requis des millions d'années, mais quelques années seulement ont suffi à la technologie moderne pour développer les aptitudes sensorielles des robots. Déjà, de grands progrès sont enregistrés. Des capteurs externes, une caméra de télévision par exemple, fournissent des informations à l'ordinateur du robot sous forme de signaux électroniques.

Rétroaction électronique

Dès réception d'un signal, l'ordinateur corrige les mouvements du robot pour les adapter à la situation. Le robot est ainsi capable de réagir instantanément aux contraintes de son environnement.

▷ Ce robot Unimate utilise quatre caméras de télévision pour «voir» si les vitres de cette voiture sont correctement placées.

▽ L'ordinateur (1) envoie un signal, à travers un détecteur d'erreurs (2) et un amplificateur (3), au moteur (4) de l'articulation. Ce signal met le bras en mouvement (5). L'encodeur (6) relève la position du bras. S'il y a discordance entre le signal de sortie de l'ordinateur et le signal de retour de l'encodeur, le détecteur d'erreurs envoie un signal (7) pour corriger la position du bras.

Contrôle de la boucle de rétroaction

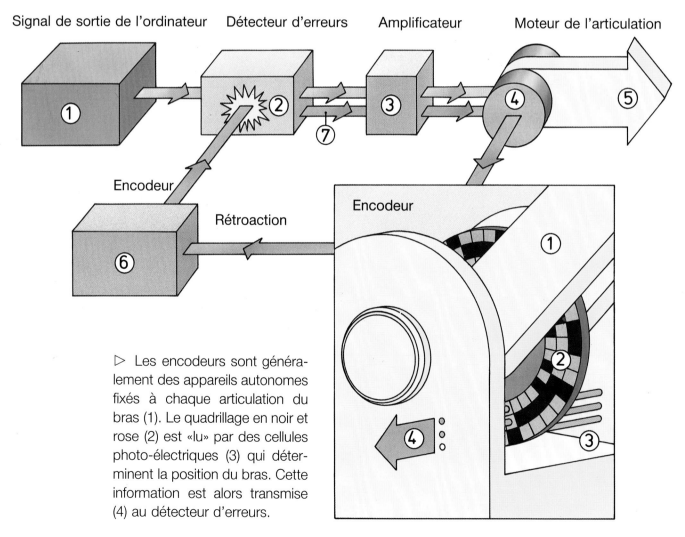

Signal de sortie de l'ordinateur — Détecteur d'erreurs — Amplificateur — Moteur de l'articulation

Encodeur — Rétroaction — Encodeur

▷ Les encodeurs sont généralement des appareils autonomes fixés à chaque articulation du bras (1). Le quadrillage en noir et rose (2) est «lu» par des cellules photo-électriques (3) qui déterminent la position du bras. Cette information est alors transmise (4) au détecteur d'erreurs.

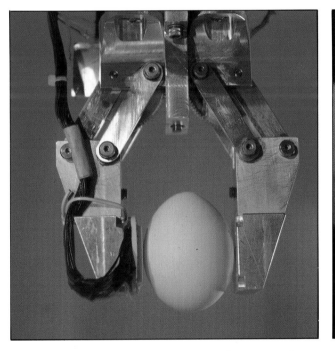

△ La pince ci-dessus est munie de capteurs tactiles de silicium, qui lui permettent de manipuler les objets fragiles. Ci-dessus à droite, cette pince, qui possède des rangées parallèles de «doigts», saisit des objets aux formes complexes. Elle est abaissée au-dessus de l'objet et ses doigts sont amenés soit autour, soit à l'intérieur de celui-ci pour lui permettre s'en emparer.

Le toucher

Le sens du toucher est important pour le robot. Sans lui, ce dernier peut écraser des objets fragiles qu'il tente de saisir. Pour éviter cet inconvénient, certaines «mains» de robots sont munies de minuscules capteurs tactiles. Dès qu'elles touchent un objet, elles reçoivent un signal de l'ordinateur soit pour arrêter leur mouvement, soit pour le modifier. Les robots d'une chaîne de montage doivent posséder le sens du toucher.

La vision

Depuis plusieurs années, les scientifiques travaillent sur des robots équipés de capteurs d'images. Encore faut-il «apprendre» à l'ordinateur comment interpréter l'image reçue d'une caméra de télévision.

L'ordinateur a besoin d'informations relatives à la hauteur et à la profondeur des objets afin de pouvoir en construire une image tridimensionnelle. Pour atteindre ce but, l'objet choisi est éclairé de façon particulière. Le «système d'orientation tridimensionnel» (3DPO) permet de mesurer la hauteur de l'objet en calculant la position exacte d'un point lumineux.

Reconnaissance des formes

Pour réaliser un système perfectionné de vision artificielle comme celui dont est muni l'ordinateur expérimental WISARD, les ingénieurs ont développé des méthodes d'analyse de l'image par modélisation. Un motif lumineux passe à travers une grille. Sa projection, sous forme de raies claires et foncées, influe sur des milliers de circuits électroniques. L'ordinateur «interprète» ensuite simultanément tous les détails et les nuances de l'image et les mémorise.

▷ WISARD apprend à distinguer les expressions d'un visage humain. On lui montre l'image d'une figure souriante. Il la mémorise. L'image est décomposée en un «modèle», au moyen d'une grille et figée. C'est la partie plus claire au centre de l'écran de télévision. Le même modèle ne se reproduira jamais, mais si WISARD «voit» une image similaire, il la comparera au modèle stocké en mémoire. Sur l'image principale, le graphique à raies bleues sur l'écran TV montre le sujet souriant. Dans l'encadré, le graphique enregistre que le sujet ne sourit plus.

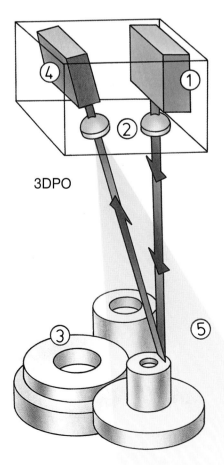

3DPO

▷ Le système d'orientation tridimensionnel (3DPO), développé par SRI International, en Californie, a été conçu pour que des robots puissent reconnaître des pièces détachées déposées en vrac, et les trier. Un laser à infrarouge (1) émet un mince faisceau de lumière qui traverse une lentille (2) et se traduit par un point lumineux sur l'objet (3). Le capteur (4) «voit» l'image du point éclairé (5). L'ordinateur peut mesurer à tout moment la distance entre la source de la lumière et l'image du point lumineux, ce qui lui permet d'indiquer la position précise de l'objet. Si la hauteur de ce dernier change, la position du point lumineux varie également. Ce mouvement est enregistré et l'ordinateur calcule la nouvelle hauteur de la pièce suivante.

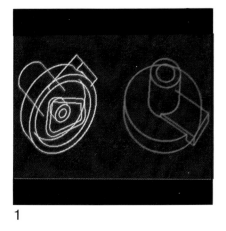

1

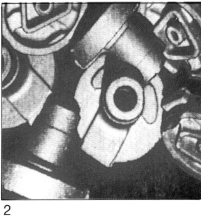

2

3

4

5

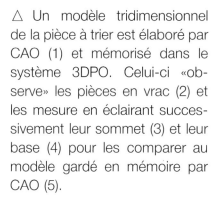

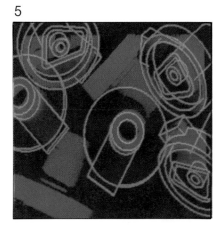

△ Un modèle tridimensionnel de la pièce à trier est élaboré par CAO (1) et mémorisé dans le système 3DPO. Celui-ci «observe» les pièces en vrac (2) et les mesure en éclairant successivement leur sommet (3) et leur base (4) pour les comparer au modèle gardé en mémoire par CAO (5).

Les robots mobiles

La plupart des machines semblables à des robots sont programmées pour suivre des pistes fluorescentes ou des fils-guides placés dans le sol. De tels engins sont en service dans les bureaux et les usines où ils transportent des pièces détachées d'un point à un autre. L'Intelibot Shuttle, à l'université de Kanazawa, au Japon, est un exemple de petit robot roulant sur des rails. En service dans la bibliothèque de l'université, il apporte bandes vidéo et livres aux bibliothécaires et aux lecteurs.

Des robots ambulants

Les robots des films de science-fiction seront bientôt réalité. Il existe des robots expérimentaux capables de marcher et qui peuvent circuler en terrain accidenté ne convenant pas aux robots à roues ou à chenilles, aux voitures, aux camions ou même aux chars d'assaut. Les capteurs d'images et ceux qu'ils portent aux jambes envoient des signaux à l'ordinateur qui choisit le meilleur itinéraire.

▽ Au-dessous à gauche, le WABOT-1, conçu en 1973 par les Japonais pour imiter certaines caractéristiques humaines. Il pouvait marcher sur deux jambes. D'autres robots se déplacent en suivant une piste tracée sur le sol au moyen d'une peinture fluorescente. Ci-dessous, le système de courrier robotisé utilisé au Citicorp Building à New York.

Le robot dans les services de secours

Les services d'incendie de Tokyo utilisent un petit robot chenillé muni de patins suceurs qui lui permettent d'escalader les murs. D'autres robots seront affectés aux travaux sous-marins, à l'intérieur de réacteurs nucléaires et en d'autres endroits dangereux. Actuellement, des télémanipulateurs commandés par l'homme effectuent ces tâches. Bientôt, ils seront remplacés par de véritables robots, contrôlés par des ordinateurs.

▽ Ce robot quadrupède, de conception japonaise, peut adapter sa configuration à celle du sol. Il est muni de capteurs de position et de vision qui lui permettent de placer ses pieds au bon endroit.

▷ Le système Robogate, à l'usine Fiat, en Italie, utilise des chariots sans pilote pour déplacer les carrosseries dans l'entreprise. Le chariot suit un fil directeur placé dans le sol.

Les robots à l'œuvre

▽ Les deux voitures ci-dessous montrent les proportions des différentes catégories de travailleurs d'une part à l'usine Citroën de Meudon, qui utilise des robots, et, d'autre part dans une usine traditionnelle. Cette dernière (ci-dessous) a besoin de plus d'ouvriers, qualifiés et non qualifiés, tandis que Citroën (ci-dessous à droite) emploie plus de techniciens.

Les robots peuvent remplacer l'homme pour des tâches relativement complexes, mais plutôt répétitives et fastidieuses. Dans les usines d'assemblage de voitures, par exemple, les robots soudent des éléments de carrosserie. Ils effectuent également des travaux de peinture au pistolet, nuisibles à la santé de l'homme à cause de la nocivité des produits chimiques utilisés. Un jour, les robots pourront aussi travailler à l'extérieur. Par exemple des tracteurs sans conducteur pourraient labourer, semer ou procéder à la pulvérisation des cultures.

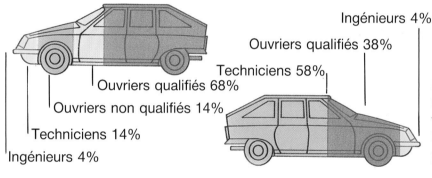

Ingénieurs 4%

Ouvriers qualifiés 38%

Techniciens 58%

Ouvriers qualifiés 68%

Ouvriers non qualifiés 14%

Techniciens 14%

Ingénieurs 4%

▽ La plupart des chaînes de production de voitures affectent maintenant des robots aux travaux de soudage. Des robots Unimate 400 soudent ici des tôles de plancher.

Les robots marquent-ils une révolution?

▽ Les grands robots Cincinnati Milacron saisissent des pièces détachées sur une courroie transporteuse, les soumettent à différentes opérations et les replacent ensuite sur la courroie. Dans l'encadré, le robot IBM, beaucoup plus petit, effectue le travail plus détaillé d'assemblage d'un clavier d'ordinateur.

Tout le monde ne considère pas, cependant, que l'utilisation de robots soit un bien. Certains craignent de perdre leur emploi parce que les robots travaillent plus rapidement, plus efficacement et qu'ils sont moins onéreux. Les robots ne reçoivent pas de salaire; ils ne sont jamais en congé. D'autres pensent que l'emploi de robots allongera le temps des loisirs et de la culture et que l'ère du robot sera créatrice d'emplois nouveaux et intéressants.

▷ Ce robot à l'usine d'aviation ML à Slough, en Grande-Bretagne, perce les trous et les ébavure. Il utilise une sonde tactile pour déterminer les emplacements exacts des trous à forer. Il calcule ensuite la dimension précise de la mèche à utiliser, perce le trou, le nettoie et fixe des attaches à des trous sélectionnés.

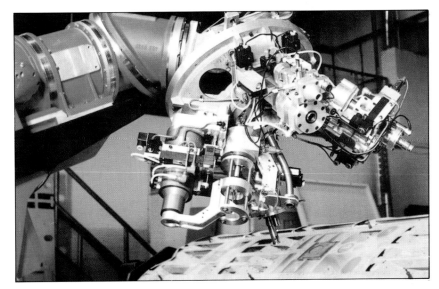

Les robots personnels

Nettoyer la maison, cuisiner, faire la vaisselle, nous paraissent très simples. Cependant, ces travaux postulent l'exécution d'un grand nombre de mouvements différents et variables, d'ailleurs, d'une maison à l'autre. Pour mener à bien n'importe lequel de ces travaux d'intérieur, le robot devrait stocker en mémoire des millions de données. A l'heure actuelle, les robots sont limités à des opérations simples et rationalisées, comme dans une usine. Les robots domestiques actuels sont plus des jouets électroniques que de véritables aides ménagers. Certains peuvent porter de menus objets mais ils sont incapables aussi d'effectuer des travaux exigeant une analyse et une manipulation complexes.

▽ Le RB5X de RB Robot est spécialement conçu pour un usage domestique. Le pourtour de sa base est muni de détecteurs de collision, en forme de carrés. Au moindre contact avec un objet, ces détecteurs avertissent l'ordinateur incorporé. Celui-ci modifie les instructions et dirige le robot de façon à éviter l'obstacle.

◁ Ce robot récréatif construit en Californie, aux États-Unis, est muni d'une pince universelle. Il peut exécuter des tâches multiples, y compris l'arrosage des fleurs.

▽ Le robot RTX construit par Universal Machine Intelligence peut servir dans l'industrie et dans les laboratoires. Il peut également aider les handicapés. Sur cette photo, le RTX apporte une disquette à l'ordinateur.

Une main secourable

Les robots commencent néanmoins à nous venir en aide. Dans un laboratoire de recherches, le Meldog Mark IV est un «chien-guide». Ce robot possède une mémoire de données cartographiques et est équipé de senseurs à ultrasons qui lui permettent de détecter des obstacles et de guider un aveugle. Des fauteuils roulants, équipés de petits bras manipulateurs, peuvent aussi aider des handicapés à manger ou à tourner les pages d'un livre, par exemple.

△ Meldog a été développé par les Japonais pour guider les aveugles. Il possède une caméra de télévision et d'autres senseurs pour reconnaître la zone à traverser. Son ordinateur compare les informations reçues des senseurs aux données cartographiques stockées dans la mémoire. Il transmet ensuite un signal à l'aveugle.

Les robots didactiques

Relié à un ordinateur personnel, le robot peut aider à enseigner d'une manière attrayante la programmation, la géométrie, le dessin et de nombreux autres sujets. Il existe deux catégories principales de robots didactiques : les robots mobiles et les bras manipulateurs.

Buggies, tortues et autres robots

Les robots mobiles sont reliés à des ordinateurs personnels par des câbles ou par des rayons infrarouges. Les ordinateurs, programmés, contrôlent les mouvements des robots par l'intermédiaire des connexions citées. Des appareils comme le buggy BBC et la «Turtle» peuvent dessiner des formes complexes et élégantes, à condition d'avoir programmé leur ordinateur. Le contrôle des mouvements de «Turtle» s'effectue généralement au moyen d'un langage simple, du type LOGO.

▽ Le buggy BBC est un robot de base facile à assembler. Le couvercle (1) protège le tableau de contrôle (2). Celui-ci transforme les instructions reçues de l'ordinateur en signaux qu'il envoie au moteur d'entraînement (3). La courroie crantée (4) transmet le mouvement aux roues (5) et permet un contrôle précis. Le porte-plume peut être abaissé. Ce buggy est équipé de deux senseurs : un capteur de lumière (7) et un capteur infrarouge (8) qui peut suivre des lignes dessinées sur le sol. Des pare-chocs (9) signalent les collisions.

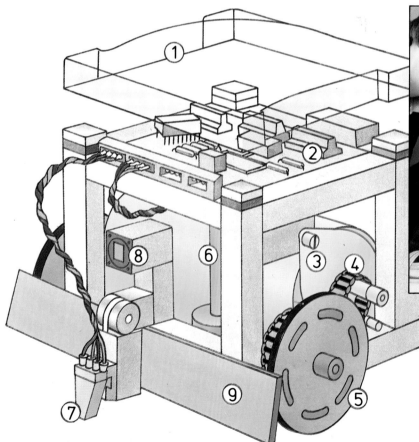

△ Le buggy BBC a été conçu pour enseigner à des écoliers les principes de fonctionnement des ordinateurs et des robots.

Faciliter l'apprentissage

Parce qu'il est simple, le langage LOGO est compréhensible aux débutants. Il leur permet d'acquérir de bonnes connaissances en informatique et en mathématiques par le biais de l'élaboration d'un programme. Des bras manipulateurs, simples et peu coûteux peuvent être reliés à des ordinateurs personnels programmés pour déplacer des objets. Comme les robots, ils sont des aides didactiques précieuses dans l'enseignement de la programmation.

▽ La tortue Feedback Armadillo (à gauche) est munie de deux roues motrices indépendantes. En abaissant une plume et en lui fournissant des instructions, on peut la faire dessiner son intinéraire sur papier. La Valiant Turtle (à droite) est connectée à l'ordinateur par infrarouge.

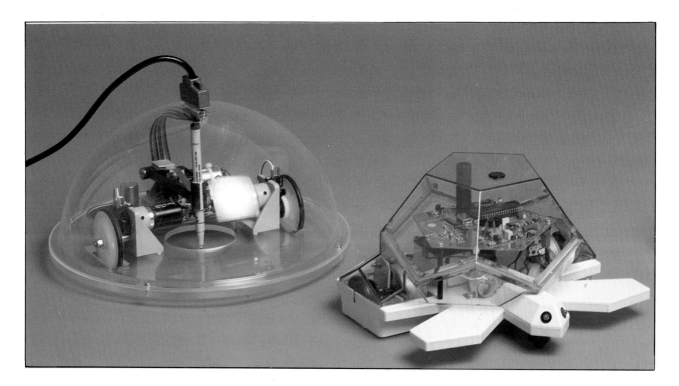

▷ L'Armdroid est inhabituel car sa pince est munie de trois «doigts». C'est un petit bras robotisé, utile à l'enseignement des mouvements du bras d'un robot.

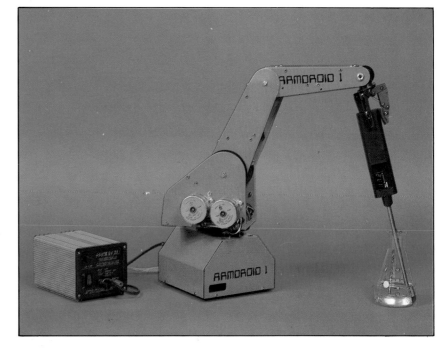

Les robots intelligents

Les robots fonctionnent d'une manière sophistiquée, par exemple pour réagir à des ordres verbaux. Cependant, même les plus évolués d'entre eux ne peuvent rivaliser avec la complexité du comportement humain.

Les ordinateurs peuvent stocker en mémoire un nombre considérable de donnés et effectuer des milliers d'opérations compliquées en moins d'une seconde, mais leur «intelligence» est fonction du programme que leur mémoire possède. Actuellement, la plupart des ordinateurs prennent une décision en parcourant de longues listes de solutions possibles au problème posé, jusqu'au moment où ils trouvent la réponse correcte. Cependant, une bonne part de la recherche est maintenant axée sur le développement de «superordinateurs» nouveaux, doués d'une intelligence artificielle.

▷ Les Japonais ont conçu et développé un robot humanoïde expérimental, le WABOT-2, qui possède un «cerveau» électronique capable de lire une partition musicale et de jouer de l'orgue à la demande. Le robot PANA (à droite, au dessus) dessine un portrait d'après nature. Son ordinateur reçoit des informations de viseurs optiques et les traduit à l'intention du robot.

▽ Tomy a appris à reconnaître la voix humaine. On peut l'entraîner à réagir à huit commandements verbaux.

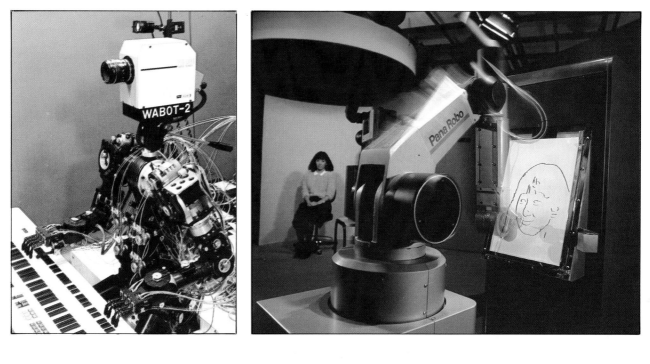

△ L'intelligence artificielle fait actuellement de grands progrès dans le domaine de la reconnaissance de modèles de la voix. L'ordinateur réagissant à la voix est en cours de développement si bien que les ordinateurs futurs pourraient être connectés directement à des robots que la voix humaine programmerait.

Qu'est-ce que l'intelligence artificielle?

Jusqu'ici, l'ordinateur procédait de manière graduelle pour trouver la solution d'un problème. Les recherches en cours visent à le doter d'une autre «méthode de travail» fondée sur la comparaison entre les données reçues et celles stockées en mémoire, pour trouver une solution à un problème nouveau. Si les recherches en cours aboutissent, un ordinateur doué d'une intelligence artificielle pourrait penser comme l'être humain, mais beaucoup plus rapidement.

L'avenir

La robotique n'a guère plus d'une trentaine d'années mais, déjà, de grands progrès ont été réalisés. L'avenir des nouvelles générations de robots dépend de la rapidité du développement des ordinateurs intelligents.

Un monde de robots

Les experts estiment qu'en l'an 2000, le fonctionnement des grandes usines sera assuré par des robots et qu'il ne subsistera qu'un personnel de superviseurs. Des robots connectés à un ordinateur central pourvoiront au ravitaillement des chaînes d'assemblage en pièces détachées à partir des magasins. D'autres effectueront les opérations d'assemblage. On peut aussi imaginer un réseau ferroviaire sur lequel circuleraient des trains de marchandises sans conducteur, contrôlés par ordinateur. Des robots personnels simples peuvent aider les gens à faire leurs achats ou apporter les plats au restaurant.

▽ Le Cray 1-S/2000 est l'un des plus récents «superordinateurs». Il effectue mille millions d'opérations par seconde.

Vers une nouvelle ère spatiale?

L'Espace constitue un environnement hostile à l'homme. C'est donc un milieu tout indiqué pour l'utilisation de robots. Déjà, des engins inhabités, les sondes Viking 1 et 2, ont exploré Mars. Les États-Unis prévoient la construction d'une station orbitale habitée pour la fin du siècle. Des robots seront affectés aux tâches de routine et de maintenance. Des véhicules-robots pourraient explorer les planètes ou être envoyés vers l'étoile la plus proche.

▽ Quelques robots sont déjà employés comme auxiliaires dans les restaurants du type prêt-à-manger. Leurs aptitudes sont très limitées. Ils exercent plutôt un rôle attractif.

▷ Cet engin manœuvrant sur orbite est destiné à opérer à partir de la navette spatiale de la NASA. Il lancera ou récupérera des satellites que la navette ne peut pas atteindre elle-même.

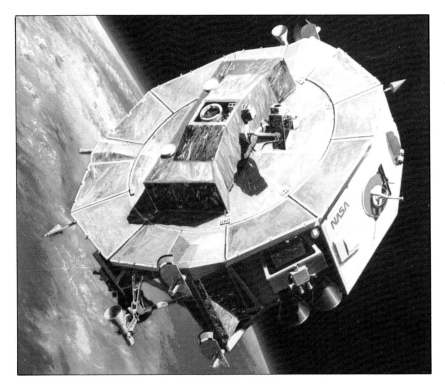

Aperçu historique

1920

Le Tchèque Karel Čapek, auteur de pièces de théâtre, invente le terme «robot» pour son œuvre «Rossum's Universal Robots». Le mot robot dérive de «robota» qui signifie en tchèque: corvée et, par extension, travaux forcés. Dans cette pièce, les robots se révoltent et conquièrent le monde.

1942

L'écrivain Isaac Asimov imagine trois lois applicables aux robots «intelligents», dès leur conception et leur construction, afin que le genre humain ne puisse en aucune manière être menacé par ces machines.

1947

Le mathématicien hongrois Von Neuman définit les principes de base nécessaires à la conception des ordinateurs. L'avènement d'ordinateurs, capables de calculer très rapidement, a rendu possible l'intégration des nombreux processus inhérents au maniement des robots.

1948

Les Britanniques construisent, à l'université de Manchester, le premier ordinateur doué d'une mémoire de données et capable d'y stocker un ou plusieurs programmes.

1956

Un inventeur américain, George Devol, développe l'idée de robots utiles aux industries.

1961

Le premier robot industriel est mis en service dans une usine d'automobiles de la General Motors à Trenton, New Jersey, aux États-Unis. George Devol et Joseph Engelberger fondent la Unimation Inc destinée à la fabrication de robots industriels. Cette société, aujourd'hui propriété de Westinghouse, est toujours en activité.

1968

Shakey, le premier robot mobile sophistiqué, est construit au Stanford Research Institute. Il est muni d'une caméra de télévision et de palpeurs, et relié par radio à un ordinateur.

1976

L'une des sondes spatiales les plus sophistiquées, Viking 1, atterrit sur Mars. Elle transporte un bras télémanipulateur, deux ordinateurs, des laboratoires de chimie et de photographie et une station météorologique.

1985

Les usines japonaises comptent plus de 64 000 robots, contre 13 000 aux États-Unis et 20 500 en Europe.

Glossaire

Degrés de liberté Le nombre d'articulations que possède un bras de robot.

Intelligence artificielle Tentative d'utilisation d'ordinateurs pour imiter le raisonnement humain.

LOGO Un langage simple d'ordinateur largement employé pour contrôler les mouvements des robots didactiques comme la Turtle (tortue).

Ordinateur Appareil aux possibilités multiples, utilisant des circuits électroniques miniaturisés, pouvant effectuer des calculs rapides, traiter des informations et contrôler des opérations. Les ordinateurs peuvent traiter des milliers d'instructions par seconde.

Robot Une machine contrôlée par ordinateur qui peut être programmée pour exécuter des travaux variés sans intervention humaine.

Robotique Ensemble des études et des techniques relatives aux robots.

Senseurs Terme générique désignant tout équipement qui permet d'acquérir une information (Larousse). Les senseurs peuvent être des caméras de télévision, des microphones, des palpeurs qui fournissent à l'ordinateur du robot des informations sur l'environnement de ce dernier. Le terme «capteur» paraît plus fréquemment utilisé.

Index

Origine des photographies
Couverture: Hank Morgan/Colorific; page de titre: Foster-Berry Assoc. for Tomy UK; page de sommaire: Cincinnati Milacron; page 9: Spine, Marconi Research; page 10: J. Mason/Science Photo Library (SPL); page 11: Fanuc, GE Calma; page 12: Cincinnati Milacron; page 13: Imperial College; page 15: Austin Rover, Hank Morgan/SPL, Imperial College; page 16: Stanford Research Institute; page 18: Professeur Kato, Dan McCoy/Colorific; page 19: Mitsubishi; page 20: J. Mason/SPL; page 21: Cincinnati Milacron, IBM, Taylor Hitec; page 22: Mark Wexler/Colorific; page 23: Universal Machine Intelligence, Mark Wexler/Colorific; page 25: Art Directors, Colne Robotics; page 26: Foster-Berry Assoc. for Tomy UK; page 28: Hank Morgan/SPL; page 29: Mark Wexler/Colorific, Boeing.

Remerciements
Les éditeurs remercient les personnes et les organismes suivants pour l'aide accordée dans la réalisation de cet ouvrage: Alan Moutrey de la Robotics Association, Dr Igor Aleksander de Imperial College, Austin Rover, Babcock FATA, Cincinnati Milacron, Colne Robotics, Economatics, Fanuc Robotics, Foster-Berry Associates, GE Calma, Professeur I. Kato de l'university de Waseda, Japan, Mitsubishi Heavy Industries, Stanford Research Institute, Spine Robotics, Taylor Hitec, Tomy UK, Toshiba, Unimation, Universal Machine Intelligence, Wagner Indumat et tout spécialement Dorchester Typesetting.